Acaso el tiempo

Poesía reunida

de

José Luis Pernas

Los Papeles de Brighton

2016

© José Luis Pernas 2016 (del texto)
© Jorge Rodríguez Padrón 2016 (del prólogo)
© Helena García Muñoz 2016 (de la ilustración de cubierta)
© Jesús Ramos López 2016 (foto del autor)
© Los Papeles de Brighton 2016

Ilustración de cubierta: Helena García Muñoz, *Búho campestre*, tinta china sobre papel (2014).

Editado por
Los Papeles de Brighton
Camino de Génova 39
07014 Palma de Mallorca (Islas Baleares)
España
http://lospapelesdebrighton.com

ISBN: 978-84-945158-0-4
Depósito legal: PM 213-2016

Acaso el tiempo. Poesía reunida
Colección Mayor, número 3
Diseño de la colección: laculture.es

José Luis Pernas nació en las Islas Canarias en 1943. En sus años universitarios de La Laguna (Tenerife), y con el grupo de poetas que poco después tendrá presencia pública en la antología *Poesía canaria última* (Las Palmas, 1966), contribuye al nacimiento de la colección Mafasca en 1963. Al año siguiente se traslada a Madrid, donde continúa sus estudios de Ciencias Físicas en la Universidad Complutense y donde reside ininterrumpidamente desde entonces. En 1967 obtiene el Premio Litoral (Málaga) y, en 1983, el Gredos (Arenas de San Pedro). Su obra publicada incluye *Hombre aprendiendo* (Las Palmas: Mafasca, 1964), *Cuaderno de urgencia* (Madrid: Facultad de Ciencias de Madrid, 1965), *Vértigo 6 y medio* (Las Palmas: Mafasca para Bibliófilos, 1976), *Renacimiento* (Madrid: Taller de Ediciones JB, 1977), *Oficio elemental* (Madrid: Ayuntamiento de Arenas de San Pedro, 1984) y *Que no sea el olvido* (Las Palmas: Anroart, 2010): cuadernos breves, de corta tirada y difusión muy irregular, razón por la cual decide revisarlos, reordenarlos y reunirlos –junto a una serie de inéditos– en este volumen que hoy ve la luz.

EL ESCOLAR Y SU CUADERNO

Jorge Rodríguez Padrón

Así se me antoja la tarea poética de José Luis Pernas, desde sus lejanos comienzos en los primeros sesenta del novecientos y en la colección Mafasca, donde se declaraba ya hombre aprendiendo. Una labor cuyo primer elemento es la mirada limpia del niño que, en cierta medida, no habrá de abandonarle nunca. Pues esta escritura –sencilla caligrafía de un sereno decir, aun con su evidente carga emocional– mantiene su propia respiración como flujo del discurso todo, incluso cuando la madurez o la experiencia desgarrada que ha de afrontar harían esperar un patetismo comprensible que, sin embargo, se verá contenido por una natural y espontánea sabiduría que no precisa –tampoco– de excesos asertivos: siempre el titubeo o el temblor que supone dar, con su palabra, la verdad que supone ese vivir sin disimulo retórico alguno. Precisa, la elaboración; con el mismo esfuerzo del escolar que transmite su inquietud al espacio pautado del cuaderno, y no busca coartadas para aparentar lo que no es. El escolar lee, atento, la frase que el maestro ha prendido –modelo– en la cabecera de la planilla. Relee. Se entusiasma. Comienza la copia; pero, pronto, hace guiños al modelo, una finta imprevista: travesura por donde él, su propia voz, asoma. De ese modo, entrega su palabra y la somete a la consideración del lector de quien –como el estudiante del maestro– espera rigor, aunque también comprensión, puesto que con aquél quiere compartir lo que a todos nos hermana.

Madrid, 2015

Acaso el tiempo

Poesía reunida

HOMBRE APRENDIENDO

(1964)

DE TODO CUANTO SUPE

De todo cuanto supe,
sólo me queda la verdad del hombre,
que fue a buscar la vida
un día, y que no ha vuelto solitario.

YA SÉ QUE TODO PASA

Ya sé que todo pasa,
pero no me resigno
a vivir en silencio.
No me culpéis por eso.

BODAS

Del hoyo no se ve,
pero se inventa:
la luz y el aire
ya estarán en bodas.

HOY, AQUÍ

Hoy, aquí,
está todo tranquilo.
El viento se ha parado en el camino.
La luz no enseña nada nuevo.
Hoy, aquí,
me estoy sintiendo hombre,
y con eso me basta.
Lo demás no me importa.

Ni el viento,
ni la luz.

CON LA LUZ

Yo fui soñando
con un mundo de piedra,
sin conocer la luz.

Yo era estatismo,
hasta el día
del premio de la luz.

Entonces,
la luz corrió por los barrancos;
subió por las paredes.
Y ya no hubo palabras.

El hombre quedó todo
convertido en luz.

APRENDIENDO A MORIR

Para Juan Cruz, él sabrá por qué.

Aprendiendo a morir todos los días,
y nunca me acostumbro.
Siempre mirando fijo al polvo
a ver si se levanta una esperanza.
Sólo queda camino en estos ojos.
Se me van los diciembres de la mano.
La tristeza me sube por toda la estatura.

Algunas tardes claras
se quedan detrás de mis pupilas,
irremediablemente.
Comprendo, entonces,
que hay que buscarse una esperanza
para seguir viviendo.

MATEMÁTICAMENTE

Una pizarra verde.
Hombre blanco de tiza.
Está calvo de multiplicar
y de hallar épsilons
más pequeños que el hombre.
¡Hay que profundizar, señores!
Hay que encontrar un hombre
mayor que cualquier épsilon
y que esté acotado
entre Dios
y entre los demás hombres.
¡Hay que profundizar, señores!
Hay que calcular rápidamente
un hombre perpendicular
a un plano de esperanza.
Sin más datos.
¡Señores,
Hay que profundizar!
Matemáticamente es necesario.
Hay que profundizar.

Cuaderno de urgencia

(1965)

Siembra del corazón

i

Igual que si de pronto un viento fuerte
llegase al corazón,
lo levantara en alto
y lo tirase alrededor del aire,
como si fuera trigo
que hubiera de sembrarse surco a surco
para que no se pierda la cosecha.

ii

Llega noviembre y deja sus señales:
seca cosecha al borde de los surcos
donde la tierra espera ser sembrada.
El surco está dispuesto para siembra,
mas la semilla nunca llega a tierra.
El amor es semilla delicada
que necesita siempre buena tierra
donde crecer definitivamente
después de ser sembrada.
Pasa noviembre y sigo siendo surco,
y la semilla no ha ocupado nada.

iii

Largo es el tiempo, amor, si tú no llegas.
Tardes desiertas vienen a las puertas
del corazón para buscar señales.
Pasa el amor de largo,
cerca del corazón, y no lo ocupa;
parece que ya llega y se detiene,
tuerce el camino y va por otras tardes.
Mas sé que llegarás, ya te presiento.
Sé que entonces habrá fiesta en las venas,
la sangre no sabrá ya de caminos,
saltará por el pecho como un río
para decirle a todos la noticia
de un amor.
Pero aún no es tiempo, corazón, de fiesta.

iv

Vengo a la plaza en fiesta, diariamente.
Digo el amor por sus alrededores,
luego me vuelvo, como siempre, a cuestas
el corazón vacío.
Voy a decirte, amor, ya para siempre,
que debes regresar a casa pronto,
que el corazón me pide tus señales
y ya no sé decirle que se espere.

Mar

AY, MAR

Ay,
cómo llegas, mar,
y subes
y lo ocupas todo.

ESTATUA DE SAL

Si vuelvo la cabeza de repente,
veo la arena,
el mar
y un niño lejos.

CANCIÓN

A la mar te fui a buscar,
y eso que difícil era.
Tú, castellana en Castilla,
y la mar tan marinera.

VECINO DEL MAR

Tenía el corazón muy hecho al mar,
se le notaba nada más mirarlo.
Su casa estaba puesta en una orilla.
Su casa:
el mar con quien amaba diariamente.
Por las noches, recorría la casa
cuidándose muy bien
de que estuvieran abiertas todas las ventanas
por si llegaba el mar de madrugada.
Sabía ciertamente
que la luz no llegaba desde el cielo,
porque él la recibía por el mar.
Tenía el corazón muy hecho al mar,
todos se lo notaban en los ojos,
pero él no supo nada hasta muy tarde.

NO ENTIENDO ESTAS SEÑALES

Un tiempo apenas puro me rodea,
tempranamente encuentra mi alegría
y se la lleva.
Se queda vivamente el hueco al aire,
me deja transparente por donde está la pena.
El aire se detiene y no comprende
por qué me encuentro ahora a ras de tierra.
Me estoy desalegrando de repente.
No entiendo estas señales.
No las quiero.

Vértigo 6 y medio

(1976)

A Mercedes

SUPE EL SILENCIO

Vi con los ojos el silencio, puse
sobre él la mano, lo toqué y fue mío,
lo rodeé como si fuera muerte
y más silencio se multiplicaba:
subió a lo alto como si, con alas,
el aire todo de silencio fuera.

FOTOGRAFÍA

Era su hondo caminar, su huella,
su sensitiva predisposición al canto,
sus cuatro patas virginales, eran
su forma de besar y su alegría
cerca del vino y su tristeza luego
sobre sus ojos, bajo su garganta,
en la distancia desde el día a la noche
y de la noche al día.

Eran su odio, su amor, sus calcetines,
su gran manía de mirar al viento
con los ojos abiertos,
su forma roja en corazón, su pecho,
su soledad, su miedo, su ternura
para las flores, para las palomas,
su modo de subir las escaleras,
de recordar el mar y las gaviotas,
de mirarse y no verse en el espejo.

Eran y son las cosas que él se sabe;
por eso las repite cada día.

RUIDOS

Le rodeaban ruidos
familiares, el vaso
contra el vaso, cuchillo
y tenedor cortando
el aire sobre el plato
vacío.

El llanto de su hijo
iba llenando el aire
de la casa, palabras
y lejanos sonidos
apagados.

El agua por el grifo,
los pasos conocidos
de su mujer o amigos
por la casa.
Eran sus ruidos, todos.

Y rumores más hondos
venían de su infancia.

Cuerpos, voces remotas
caían a su lado
como aves ardidas
después de largo vuelo,
alrededor de un aire
denso y triste,
miserable y desierto.

VÉRTIGO DE LA NOCHE

Porque muy trabajosamente
fuimos haciendo nuestro aquel vivir,
bajo la recta letra de los libros,
los ojos de Beethoven,
las pordioseras horas del dinero,
el diario vino,
alcohol que nos llevaba
entre la turbia niebla ciudadana
hacia los bordes —vértigo del día.

Porque desesperadamente trataba
de salir del círculo
que, en otras horas, nuestras mismas manos
cansadas construyeron.

Babas de un asco surgido de verticales
sombras de la noche son el don,
el duro filo que separa conciencia
de ebriedad.
Al alba,
sobre los hombros curvos,
la indolencia del día,
como una lluvia fina,
atravesaba al hombre.

VÉRTIGO 2

Besando la dura piel del árbol,
rozando con sus labios la madera
tímidamente, con la roja carne
húmeda de su lengua.
Atrayendo hacia sí profundo olor a bosque
y, ante sus ojos, como un fruto a punto,
el tiempo suspendido.

No debe ser la hora convenida.

Hiende la tarde un aire apenas tibio,
sólidas aves se derriten, bajan.
Bajan
líquidamente hacia la gran llanura
conforme a sabias leyes de la física
tales la gravedad, la inercia y el silencio:
meten su pico en el ombligo, redondo
como un cero infinito
y huero: volutas de aire ácido
suben desde el estómago a la boca
y vomito odio,
efervescentes líquidos oscuros
a 36° C, aproximadamente.

Fair ladies and good gentlemen
... is different

¿O es que no se me nota la tristeza?

PABLO PICASSO

Pablo Picasso,
azul,
destartalado,
paloma blanca en el cuarenta y nueve,
ojos y ojos de mirar y nada,
España ciega por tus minotauros,
por tus sexos peludos,
por las tetas al aire de tus telas,
por los redondos pelos, cuernos y mujeres,
tu bella, tu garrafa y tus soldados,
tus arlequines, Pablo, y tu tristeza,
tus toros por el ruedo de la patria,
más redondo que nunca,
más vacío y más cero,
sobre nosotros, bajo mis axilas,
sobre mi pecho abierto en dos mitades,
sobre mi rabia:
Picasso, pablo azul,
te hemos buscado en vida.

LA BATALLA

Él no esperó la muerte nunca, nunca
imaginó lo duro
que iba a ser la batalla.

Vistió su mejor traje, sus zapatos
brillantes, su corbata
de buena seda inglesa.
Bien afeitado el rostro,
cuando estuvo dispuesto
para salir, cerró la puerta
de la que fue su casa tanto tiempo;
bajó los escalones, uno a uno,
atravesó el umbral
y se mezcló en el rio de los hombres
como una gota más en tanta agua.

(Oyó como doblaban las campanas, lejos:
le trajeron el mar —dobla que dobla—
viniendo de su infancia).

Nadie notó los pasos temblorosos,
la presencia apagada,
la feroz lucha.
Después quedo caído
en medio de la calle.
                      Solitario.

Renacimiento

(1977)

REGRESO DEL HÉROE

Ese ruido que escuchas de regreso,
como cascos golpeando
sobre los adoquines,
son los héroes que vuelven triunfadores
después de haber ganado la batalla...

Ese clamor que hace vibrar
rítmicamente el aire
son las voces del pueblo
que ha salido a la calle
a dar la bienvenida
a sus héroes.

Es inútil que cierres las ventanas,
que te arranques los ojos,
o que intentes no oír la algarabía.
Ellos están ahí, acaban de pasar
junto a tu puerta.

Comprendo tu violencia y tu ira,
mas debes aceptar que hoy ni la muerte
les podría vencer,
porque ya no son ellos
sino las ideas
que ellos representan.

EL DUEÑO DE LAS HORAS

Esta es la historia
del hombre que se llamaba el dueño
de las horas.

El dueño de las horas era un hombre
en apariencia igual que los demás,
debió nacer como si nada un día
y todo transcurría dentro de lo normal,
hasta que en un momento dado
(seguramente viendo amanecer,
quizá mirando al mar),
él se creyó elegido por los dioses
y decidió, sin más, administrar
el tiempo de los suyos.

Hubo días, entonces, de tristeza,
de batalla y de muerte,
el aire de la patria olió muy largamente
a pólvora y podrido, y en todo el territorio
conquistado sólo se oyó la voz del asesino,
que era la voz del dueño de las horas.
La ley era su voluntad, y el tiempo suyo.
Muchos decidieron luchar por defender
aquello que les pertenecía,
y perdieron
        su tiempo,
otros eran los elegidos por el alto
y poderoso señor para ordenar las horas
según su voluntad, y por todo lo cual

se les premiaba con bienes materiales;
el resto de los hombres no sabía
de tiempos ni de horas
y creían que era bueno
que los dioses hubieran elegido
al señor de las horas:
y vivieron mucho tiempo sin nada.

Era un día de otoño y el dueño de las horas
se quedó sin las suyas.
Nadie notó en el aire, ni en el agua,
nadie notó en las aves o en los árboles
que poblaban el bosque señales diferentes;
y, sin embargo, las horas de los hombres
podían empezar a ser ya suyas.

GRAN CIUDAD

La calle, alrededor las casas altas
con ojos de cristal para que pueda
entrar allí el color amarillo.
La madera del bosque tiene forma
de puerta,
        silla,
                mesa,
                        de ventana.

Alguien va por la calle,
atraviesa la puerta,
entra en el ascensor,
a cualquier piso,
al fin entra en la casa,
utiliza la silla,
la mesa donde come. Duerme
horizontal sobre la cama.

Estoy vivo, lo sé.
Alguien viene,
abro la puerta y nadie
entra en la casa,
se sienta y dice nada.

Abandona la casa.

Miro por la ventana
la gran ciudad, la calle,
las casas altas.

Enorme cementerio.

HACE YA MUCHOS DÍAS

(fábula galante)

Hace ya muchos días que no huelo el mar,
ni oigo romper la ola furiosa o dulcemente,
ni he tenido noticias
de las cosas que ocurren
en la casa de mis amigos.

Pienso en Juan *el Cápita*
y en sus dos hijos pescadores
de nacimiento o en Irene
la Gorda, su mujer,
que freía pescado como nadie
desde el amanecer hasta la noche
para la clientela,
en Playa de Las Nieves, donde
hace unos días o unos años
hice vida con ellos.

           Aprendí
mar y algo más hondo aún
que entonces no entendí, pero que
luego he visto claramente;
ese subir la barca todos juntos,
beber el ron, dormir a puerta abierta, sentir
que el aire fresco da en la cara
casi cuando amanece y ellos marchan
a su taller en busca de los peces,
o a colocar la nasa convencidos,
como si fueran libres.

Cuánta fe sobre el mar, cuánto amorío,
cuánta resignación, cuánta injusticia.

El turista nacional o extranjero
los ha mirado como
algo muy típico y extraño,
mientras las niñas y mujeres
de todo el vecindario
acarrean el agua hasta la casa
y preparan las luces de carburo
para cuando la noche llegue.
Agua y luz, pensarán,
lujos que el vecindario se permite.

Hace ya muchos días que no huelo el mar,
pero hoy casi lo siento latir dentro
como si fuera un corazón
enorme y único
Que es a la vez mío y de ellos.

ENTRETIEMPO

YITO

Largo se le hace el día a quien no ama
                    Claudio Rodríguez

Parece largo el día
y aún más larga la noche
para el que nada espera.

Pero él no lo sabe,
él no tiene conciencia
ni tampoco memoria.
Furtivo y silencioso,
anda a lo suyo,
a lo desconocido.

Va por sus derroteros
ajeno y confiado,
buscando los atajos
por los ásperos riscos de su mente.
Así su vida,
su vagar errante.

ROZANDO EL CORAZÓN

Para Alfonso O'Shanahan y Marta

Rozando el corazón, como una bala
traicionera y feroz. Del tingo al tango,
se me puso la voz adormecida
y la figura triste y despistada
buscándote las huellas por la orilla.
No sé por dónde has ido, ni qué prisas
te llevan a intentar hacer atajos.

Igual que un perro fiel, todo el silencio
se me echaba a los pies, hora tras hora,
pendiente de tu voz.
Rozando el corazón, sólo rozando.

QU'EST-CE QUE C'EST CETTE BAGATELLE?

Para Tita R. de S.

En París era junio aquella tarde,
mon amour;
quizá fueran tus ojos *sur la Seine,*
siempre tus ojos tan descubridores
para la luz. ¿Cómo es posible
que no notara nada? ¡Aquellos árboles!
Toda la vida allí,
tan cerca, tan a ras de la mano
y yo tan torpe siempre.
Tú con tus ojos dictándome *la vie,*
toujours la vie. Merci.
Parc de la Bagatelle
al acorde de un piano,
sobre las esculturas de Henry Moore
sonaba Debussy.
¿O era Franz Liszt?
En el *Bois de Boulogne.*
¿Acaso el paraíso?

REY DEL VINO

Equívoco y lento baja
la calle, dubitativo.
Sus pasos no le acompañan,
viene indiferente y solo
con los ojos cristalinos.
Debe ser el rey que pasa,
debe ser el rey del vino.

PLAZA DEL ÁNGEL

Amanece la ciudad.
Gana la luz el tiempo.
Abre su ojo intermitente
el gallo, su rojo parpadeo
digital me sorprende.
Da la señal: su canto.
Es (a pesar del milagro)
todo cuanto esperaba.

LA HABANA

Para Andrés Salcedo

Déjame aquí, en La Habana,
esta noche de ron.
¿Qué tú miras?
¿Qué tú ves, compañero? Cómo sube
el Caribe por sobre el Malecón.

Cabe Cuba dentro del corazón.
¡O vencer o morir!
¿Qué polvo es este que se mete en los ojos?
¿Qué semilla se me está germinando
bajo esta luz tan blanca de corales?
Que me ciega los ojos, que me daña.
No estáis solos
porque mis ojos son también vuestros ojos.

ANIMAL EN SOMBRA

Recordando a Goro

Árbol de luz parece que cobija
su soledad bajo su sombra oscura.
Descansa el animal, quebrado,
se le ve por los ojos la ternura.
Se rodea a sí mismo. Con la lengua
lame su hirsuto lomo.
Lame también, su lengua agradecida,
las manos de su dueño.
Siempre a la sombra de la luz,
bajo las ramas luminosas
de su árbol preferido.
Dando todo aquello que tiene.

GESTOS

Amanecido,
el hombre
atraviesa los campos,
lento va a su labor.

Allí mide bien su energía,
usa sus fuerzas.

Como en una batalla,
se hace guerrero
y utiliza sus armas.
Bajo el sol,
va gastando su cuerpo.

Gana su pan.

Cansado,
regresa con las últimas luces.
Dentro ya del hogar,
a salvo,
aún reparte el amor.

Así la vida.

REBELIÓN DE LAS AVES

Para Leopoldo O'Shanahan

Desde las altas horas de la noche
hasta avanzada ya la madrugada,
han estado reunidos sin permiso
—la reunión debió ser clandestina—
alrededor de setecientos pájaros
según cálculo aproximado.

En dicha reunión se tomaron acuerdos
casi por absoluta mayoría.
Se aprobaron unas normas de acción
a las que se han sumado
todos los animales voladores.

1°) Reprobamos la conducta del hombre
frente a sus semejantes,
su odio y su maldad casi genéricos.

2°) Esta conducta para con las aves
está cercana ya al asesinato.

3°) Su forma de vivir daña los ríos,
los bosques, envenena el aire
y hace inferior la vida a cada instante.

Como protesta por todo lo anterior,
en esta reunión se ha decidido:

a) Guardar silencio el día de mañana,
sin un trino que pueda ser oído
por humanos.

b) Manifestarse por el aire, mudos,
con una rama de olivo
prendida de los picos.

De todo lo acordado
se toma buena nota, para comunicarlo
a todos los países de la tierra.

También es conveniente enviar copia
a la blanca paloma de la paz
en caso de que —de alguna forma—
pudiera ser localizada.

Desde el centro de España, en el
año de mil novecientos ochenta y tantos.
La reunión se disolvió en silencio
y parece que no hubo altercados
mayores, dignos de reseñar;
solamente algunos pajaritos,
en grupos reducidos, volaron
apresuradamente por el aire
hasta el amanecer.

No hubo detenciones.

OFICIO ELEMENTAL

(1984)

Premio Gredos 1983

A Mercedes

Primeros oficios

SANTIBÁÑEZ DE AYLLÓN

Cuando pienso tu infancia
—Santibáñez de Ayllón—,
edifico una historia en tierras de Castilla.
Te pongo el sol que quizá nunca viste
dentro de aquellos claustros de Segovia.
Luego construyo el bosque, árbol por árbol,
y la lluvia y el río, el monte, el ave
y pongo tu sonrisa en el aire
que va y lo alegra todo,
desde tus ojos
hasta la misma tierra tuya
tan solitaria, tan perdida
en tiempos de tu infancia.
En fin te pongo el mar,
el mar que me destierra
te lo pongo en Castilla.

El mar, no sé cómo explicarte,
su color es azul, o verde, o trasparente
según le dé la luz:
es llanamente inmenso
como lo son tus tierras.

Santibáñez de Ayllón,
por tus primeros años.
Y el mar, a cántaros,
dentro del corazón,
se lo llevó el amor hasta Castilla.

LA PUERTA

Paso el puente,
voy hasta las murallas,
entro en esta ciudad
y la recorro;
beso las losas frías de su suelo;
escarbo entre la tierra,
planto un árbol
que crece por su pecho
y da sus frutos
que se caen por el aire:
ruedan hasta mi boca.
Muerdo, y son unos labios
humanos los que muerdo.
Pero se acaba el día
y tú, ciudad, no sabes
todo el amor que traigo.

PLAZA MAYOR

Hemos llegado a esta ciudad sin puertas
como quien va de paso y nada
encuentra que le haga detenerse.

Bajo los soportales de esta plaza
haya quizá algo nuestro:
lo que con tanto afán hemos buscado
siempre lejos, nunca en este lugar.

Al fin nada nos queda
que no hayamos ganado
con fe, porque ¿quién es capaz,
sin fe,
de dar tan sólo un paso?

Ya que de poco habría de servirnos,
de esta ciudad
nada que no sea nuestro llevaremos.

JÚBILO

Nunca bebimos de este vino
antes, porque nunca supimos
qué alentadora fuerza había en su entraña,
qué milagrosa uva fue su germen
hasta que no probamos
y fuimos largamente ebrios.

Misteriosa ciudad abría sus puertas
para ganarnos vivos. Pero
no sé qué sed de amor o de justicia
aun a pesar nuestro
intentaba arrastrarnos
lejos de la ciudad.

Como quien toca un pan y al tacto sabe
que es del día, pero luego lo prueba
y se convence, y aun sabiendo
que le era necesario
él va y se pone alegre;
así quizá,
idéntica ilusión nos decidiera
cruzar sus puertas, sus murallas altas.

Y es este quicio
que intentó detenernos
umbral que nadie ha levantado
con odio o con temor,
con fe o sin ella,
pero que, ebrios,
hemos pasado ya

al cumplir nuestra cita:
único y gran taller para este oficio
de amor.
                Porque ¿quién sabe
cuál es el tiempo exacto para el vino?
¿Quién, qué humano,
la hora de estar ebrios?
No sé a qué hora
por este quicio alto y prohibido
hemos entrado y nunca, nunca...
No habrá que arrepentirse;
ya somos ebrios.

CÁNTICO

Aunque cantara el gallo
no amaneciera entre estos muros.
Alucinados ojos nos contemplan
pasar, y nos sentimos hombres
recién hechos, igual
que el pan madrugador sale del horno
para saciar del todo cualquier hambre.

Vendrá la luz sobre nosotros
y cumplirá su oficio,
la luz nuestro vestido, como un río
por su cauce, usándonos,
haciéndonos pasado a cada instante.

Como quien mira al mar y no ve nada,
y está en lo cierto,
pero ante él ganado permanece
por un maravilloso encantamiento,
así, asombrados, nos miran
hombre frente a la luz,
bajo este claustro,
antes de que amanezca.

Aún duerme la ciudad,
sus ojos velan. Oran.

Siempre amanecerá.
Cantar del gallo. Siempre.

TALLER

Es este buen taller para mi oficio,
para esperar celosamente a que tú llegues
y hacer la fiesta en torno de tus brazos.

Viene tu cuerpo,
el aire alegre y bailador lo inunda
todo, blanquea las paredes;
y es éste el día en que el cuerpo
va en torno de tu cuerpo y sólo espera
amar, porque es su oficio.

EL POZO

Mucho habrán madrugado
los que buscaban agua en este pozo
que un día fuera altar
para la sed más exigente.

No sé qué fe en el agua
se ha perdido.
                En esta
soledad de junto al pozo,
hay por el aire un eco
del agua rebotando desde
su lecho al cántaro y al aire;
y hasta nosotros mismos
llega a través del tiempo
para purificarnos
aquí, ciudad que no es la nuestra.
Tu tarea de agua
no ha terminado aún, antiguo pozo
sobre cuyo brocal hemos venido
a crecer la esperanza.

Crónicas de la infancia

I

CORRO DE NIÑOS

En las mañanas tibias,
junto a la casa, a veces juegan niños,
niños que tienen la mirada clara
y una sonrisa por entre los ojos.

Yo los miro jugar y ellos me miran
y aún tengo la sonrisa por mi cara.

Hay niños por la casa
grande del mundo, niños
con la mirada limpia.
Dan ganas de vivir estas mañanas.
Pero los niños lo preguntan todo
del hambre y de la guerra,
del hombre y su vivir.

Por entre sus sonrisas,
¿qué les iba a contar
que no les asustara?

II

COSAS DE NIÑOS

A veces los niños
se quedan
con la mirada fija,
quiero decir, pensando.
Entonces,
quisiera ir hasta ellos, de puntillas,
silencioso, sin que me lo notaran,
y atravesarlos lento, quedamente.
Y, dentro ya,
asomarme a sus ojos,
ver por ellos;
ponerme seriamente a su nivel.
Y de repente, ay,
como si despertase,
hacer igual que ellos,
volver de nuevo al juego,
saltar, ponerme alegre
y reír, limpiamente,
y verme reflejado
en el aire, puro.
Ir hasta mí despacio,
palparme, aceptarme,
entrar en mí.
Y allí reconocerme.

III

NIÑOS DEL MAR

No salgamos de nuestro barrio hoy.
Quedémonos aquí, cerca de casa
y vaguemos por estas viejas calles.
Niños del mar, nacimos
junto a la playa de Alcaravaneras
y el corazón estaba azul de infancia
y era copia del mar, lienzo y figura,
estábamos tan cerca...
Pero luego crecimos
y el corazón se nos puso muy rojo,
fuimos por otras calles y otros barrios,
la casa quedó lejos
y nos sentimos como quien se pierde,
como quien ya no atina en su camino.
Ya sois casi unos hombres, nos dijeron
porque aprendimos a ponernos tristes.
Después de un gran paseo
de nuevo hemos llegado;
y nuestros pies han ido
sobre las viejas huellas.

Calle Hermanos García de la Torre,
en el número cuatro
—quien lo toque está libre—
y éramos libres, sí, en todos
los números del mundo.
El último que llegue no es un hombre
y era perderse, loco, en la carrera,

y todos aprendimos
a no llegar el último,
porque eso de ser hombre era muy serio.

Mas, hoy, henos de nuevo aquí
por estas viejas calles,
y nuestros pies no encajan
en las huellas que en otro día dejamos.

Y sin embargo pienso
que no debemos alejarnos mucho;
quiero decir,
que nos quedemos ya por este barrio,
por este mar de casa,
a ver si el corazón se vuelve azul
y somos otra vez aquellos niños.

IV

CUANDO LOS NIÑOS JUEGAN A LA GUERRA

Cuando los niños juegan a la guerra,
¡qué tristeza!

Cuando apuntan su arma a nuestro pecho
e insisten que caigamos por el suelo
para hacer más real el triste juego.

Cuando los niños crecen, se hacen hombres
y no olvidan el juego de la guerra.
Cuando los hombres mueren,
cuando los hombres matan,
¡qué tristeza!

Niños, no juguéis a la guerra,
porque los hombres
lo aprenden todo de los niños.

Cuando los hombres juegan a la guerra,
¡qué tristeza, niños!

V

A UN NIÑO MUERTO PARA QUE VUELVA AL MUNDO

Mucho antes que tú vieras la luz
había yo pensado lo inútil que sería
volver la sangre a andar, mirar de nuevo
a través de los ojos transparentes
y ver la luz tropezando en las cosas,
palpar la tierra, el aire, el agua,
sentir ahora el frío blanco,
calor rojizo amarillento
en otro instante.

Oír cómo se crece desde dentro,
saber la ira que produce
todo lo que no es justo.

Cosas elementales y diarias
que tú, niño pequeño, no conoces.

Detrás del vidrio frío, transparente,
yo sé que me has mirado.

Tú ibas muerto y me has visto
pasar, y yo te he visto;
he detenido el paso junto a ti,
que has querido pasar toda la vida
tan sólo en unos días.

Estas cosas te digo,
no para que te aprendas

la vida de memoria,
sino para que vuelvas,
pequeño niño ido,
de la región lejana de la muerte,
del tiempo de los días infinitos.

Oficio elemental

RISA COMÚN

Buena noche paséis,
vosotras,
las que llegáis a casa en horas altas.
Nadie sale a la puerta
y os da la bienvenida.
Pero la noche es vuestra aliada,
y pienso que no me quiero ir.
Dejad que siga así,
en vuestra compañía
y me pueda mezclar entre esas risas
nocturnas del tranvía.
Me olvidaré de dónde vivo,
seguiré con vosotras
hasta la Cruz de los Caídos,
a Pueblo Nuevo,
Y haré risa común, haré jornada.
¡Limpieza general, hoy estáis todas!,
y limpiaremos, sí, toda la noche
y nadie en vuestras casas notará
que habéis faltado. Porque
allí nadie os espera.

EL BUEN COBIJO (TARDE AMARILLA)

Entre estos muros graves en que crece
el pueblo donde habito, el viento viene
levantando el otoño con sus ramas
terribles por mis ojos asombrados.
Es pan de nadie este amarillo vuelo
malo para mirar; sólo la casa
ofrece buen cobijo en esta hora
primera de la tarde, donde el ocio
y el tedio nos hacen compañía.
Y así vamos hablando,
sin decirnos palabra,
de un tiempo que vendrá
o que ha pasado. El viento
se detiene muy cerca de tus ojos.
Algo sencillamente humano
ha rozado un instante
tus labios o mis labios.

ORACIÓN

No es oración el cuerpo hacia la tierra,
sino jornada,
para llevar a casa el pan y el vino.
Cuánto subir mañanas
amarillas de trigo,
cuánto arado,
cuánta gavilla al borde de las eras.
Y este viento que sopla,
este cierzo dorado,
cómo escuece en los ojos.
Hay surcos en la frente
por donde bajan ríos
que riegan vuestra siembra.
Rueda infinita a la que llamáis trilla;
y es duro
ese viento en las eras,
ese mal viento que ahora sopla.

Pero es el pan y el vino
por el que volveréis otra mañana,
iréis de nuevo al surco,
pondréis rodilla en tierra,
curvo el cuerpo.
Pero no es oración,
sino jornada.

DÍAS DE IRA

Son, estos días graves de la ira
y el tedio, días de desamor; sin fe
ni fuego que dé calor
o que ilumine.

Alguna brisa tibia nos envuelve,
y algo interior como si fuera un río
nos recorre.
Hemos estado a punto
de echarlo todo al viento,
al aire este de julio solitario
y caliente.

Alguien va sin amor
y nada suyo tiene
que le acerque a los otros.

Días de ira pasan sobre el hombre
y algo suyo se llevan,
dejándole más cerca de la muerte.

VIENTO EN EL SUR

Tuyo es el sur, la seca geografía,
tierra que ayer tus manos ha movido
para dejarle sitio a la semilla.
Has hecho el surco y has mirado al cielo
de las horas más pobres, aparcero,
con tu rabioso ron y el sol furioso
y fuerte arriba, y tú abajo luchando
a cuerpo con la vida y con la muerte.
Clava la caña bien, no sea que el viento
rompa y pierdas la zafra del tomate,
el rojo corazón de tu esperanza.
¿Del viento de los hombres, quién te libra?
Hagamos soco, hermano,
por si soplara viento.
Tuyo es el sur, porque lleva tu sangre,
tu sudor y tus horas. Bien lo sabes.

Que no sea el olvido

(2010)

*Para Eduardo, Helena, Irene,
todo lo que nos queda de Mercedes*

Si el eco de su voz se debilita, pereceremos
Paul Éluard

Donde tus ojos

Verrà la morte e avrà i tuoi occhi
Cesare Pavese

CERTEZA

Estos pasillos blancos de enfermeras
y de quimioterapia
debemos recorrerlos
aun a pesar nuestro.

Sólo queda
este dolor inmenso y la certeza
de que el final es triste y deseado.

EL RITO

Allá en la planta ocho,
en la esquinita, junto a la ventana,
tenía lugar el rito.

Tú eras, no faltaría más,
la única, la auténtica,
la gran reina del humo.

TRUEQUE

Ya sé que no queréis tratos conmigo.
En realidad, lo que yo daba a cambio
no debió interesaros
en estas horas negras.
Y lo entiendo.

OTRO DÍA

Ahora está amaneciendo y si te digo:
otro día
es *otro día*
no te quiero engañar:
es toda la verdad o lo que queda.

AMANECE

Amanece diciembre, y ya tu blanca
mano me está diciendo adiós
y no lo acepto.

FÓRMULAS QUÍMICAS

Esas fórmulas químicas, procaces,
te pueden ayudar, yo no sé cómo.
Blanco amanece el día
y negro muere.

FONDO DE OJOS

Según pontificaban los expertos,
lo importante
es el fondo del ojo.
Allí está toda la historia.
Yo me afano por ver, pero no encuentro.
Sólo siento
que aquí
hace ahora frío,
mucho frío.

¡AY!

¡Ay!, que no me digas ¡ay!,
que no te siento.
Que no me digas ¡ay!, que no lo niegues.
Ni yo mismo lo entiendo;
todo lo que es verdad, existe y vive,
todo lo que no fue, me está clamando.

Que no sea el olvido

Ya somos el olvido que seremos
Jorge Luis Borges

TENTACIÓN

Todo me dice sí,
me está llamando,
pero debo ser cauto
porque soy el guardián.

EL RÍO QUE TÚ ERES

Junto a la casa a veces pasa un río.
No siempre ocurre igual. Viene de lejos
y no sé a dónde va, sólo lo siento
fluir lento, seguro, rumoroso.

No es de agua este río como otros,
ni tampoco de luz. Acaso sea
aquello que algún día fue la vida
y ahora viene y va como un recuerdo.

Y me lame los pies, cuando descalzo
me acerco hasta la orilla; luego sube
despacio todo el cuerpo, lo recorre

dejando allí su huella remansada.
Ocurre, como digo, sólo a veces.
Diciembre es más propicio a la crecida.

DOMADOR DE CENIZAS

Y si al final terminas siendo un río,
que todo el mundo sepa que no ha sido
una tarea fácil cambiar su caz,
domarlo lentamente cada día,

acariciar su lomo de ceniza
y enseñarle a pasar bajo los puentes
sin sobresaltos, lento y rumoroso,
sabiendo como sé que es imposible

el regreso. Bajarás sin memoria
por entre las montañas y los llanos
hacia no sé qué mar hecho de nada;

pero a pesar de todo que no falte
jamás la fe, porque seguramente
algún día yo también seré río.

PASTOREO

Qué indómitas están hoy las palabras,
no se dejan guiar, van a su aire,
dicen lo que no quiero y, sin embargo,
se hacen las locas, callan, disimulan

lo que debieran pregonar sin miedo.
Hay días, ya se ve, que es imposible
meterlas en vereda. Azuzo al perro
que me ayuda en su guía. No hay manera,

me cansa estar aquí, ya de este lado
donde ese gato azul de ojos redondos
me está mirando retadoramente

—atrévete a saltar, ahora o nunca—.
La luz también es amarilla y fría
en esta hora de la noche. Solo.

ANIMAL DE AIRE

Detrás de cualquier puerta está de nuevo
el gato azul, oigo su ronroneo.
No me deja dormir ni a sol ni a sombra.
Algo quiere de mí, seguramente.

Quizá adularme con su compañía.
Hay días que parece estar tranquilo
y, de repente, sin venir a cuento,
me ataca ferozmente, me arrincona,

me mira desde el fondo de sus ojos,
como con rabia, como reclamando
su parte en el festín. Desdibujado,

recorre las estancias de la casa
hasta el amanecer. Luego me roza
pidiéndome perdón. Pero ya es tarde.

ESCENA DE CAZA

Está dispuesto el cazador. La mano
tensa la cuerda, se agarrota el arco.
Todo está preparado. El perro atento
a la voz de su amo. Cuánto drama

se palpa en el ambiente. Ya la presa
se agita comprendiendo el dolor
que sin duda le aguarda. Sólo espera
la voz del ayudante que le diga:

silencio, acción, se rueda.
Certera va la flecha al pecho vivo,
desesperado salta el perro.

La escena no puede repetirse. Es
lo único real que ha sucedido.
El animal está a sus pies, ya muerto.

LOS SIGNOS

Junto a la luz del día se presentan
las señales, que llegan como signos
que me tocan igual que si una mano.
Sobrevuela la luz una paloma,

la sombra del ciprés, el viento suave
sobre las hojas de los viejos chopos,
las luces que no están y están. Los ojos
ya cerrados, las estancias vacías.

Los rosales insistiendo otra vez
en plena primavera, y el verano
con su techo de sol. ¿Cómo es posible?

Y después el otoño y el invierno
de nuevo, con todos sus recuerdos.
Debe de ser un don que no merezco.

EL VIGILANTE

El ojo azul también está mirando
con placidez encima de las cosas.
El aire va rozando las esquinas
sin alterar el ritmo, suavemente

se acompasa, no hay nada que se rompa.
El polvo seguirá siendo el polvo,
y en los días de viento llenará
las rendijas, haciendo allí su reino.

En la oquedad del aire resonarán
los ecos, y volverá el silencio,
que ocupará las estancias vacías:

estos serán los signos, los rescoldos.
La fe del vigilante hará lo suyo
para que no se extinga nunca el fuego.

CELEBRACIÓN

Quizá, después de todo, haya llegado,
furtivo, el día de la celebración.
Saquemos la ropa blanca al aire,
que se oree y que pierda ese olor
extraño de alcanfor y paño viejo.
Pongamos en la mesa el vino bueno,
brindemos sin temor, se acaba el día
y es necesario aprovecharlo todo,

como en la boda donde los esposos
apuran hasta el fin la última gota.
No nos neguemos a danzar sin tino

hasta que nos ocupe la mañana.
Seguramente sin notarlo apenas
estaré ya por fin del otro lado.

NI VIENTO NI SEMILLA

Tú que ya no eres viento ni semilla,
¿quién eres?
¿Cómo eres?
Se me borró tu cara,
no tengo ya memoria de tu cuerpo.
Inútilmente sigo
buscando entre las sombras.

Esa desvergonzada mirada,
al fin y al cabo,
viene de la ceniza.

VENENO

No descartemos
nunca ese veneno.
Quizá sea la llave
que abra por fin
la puerta deseada.

Los caminos del agua

REGRESO

Baja hasta el borde de la orilla, toca
con sus manos calientes la marea.
Al tacto se estremece, busca
dentro de su memoria;
sólo encuentra
los restos del naufragio.

NÓMADA DE LA NOCHE

Para Josefina y Manolo Padorno

Entra en la noche, atraviesa
la jungla urbana, encuentra
aquello que le hiere.
Da con sus ojos en lo oscuro, busca
con sus manos atentas,
acostumbradas al sabor del tacto.
Pacta su amor al vino.
Solo,
baja a la arena húmeda,
A la orilla del mar, va por su sombra.
Vuelve por el atajo
que le lleva hasta el día.
Entra en la casa Brava
libre por fin de todo
el dolor que le acecha.
Hoy, también se ha salvado.

OFICIO DE MAR LEJOS

Para Pizca y Jorge R. P.

De la memoria el ejercicio, busca
dónde la luz de ayer, qué vuelo raso,
extraño y pasajero y vano toca
como con suave mano la mejilla.

Andador de luz, enamorado,
pone su pie sobre la arena ardiente
allá donde la infancia fue la vida.

Lejano, emocionado el ojo, mira
luz, más que luz: milagro atormentado,
doloroso su oficio de mar lejos.

ÍTACA

Para Berta y Manolo Bravo

Mi casa es como un barco tierra adentro,
yo soy el capitán y lo gobierno
por entre un oleaje de montañas.
A veces hay tormenta y otros días
la quietud es total. A la derecha
un hondo verde mar, una arboleda,
al fondo la ciudad con otros barcos,
barcos de luz y humo, navegando
también en tierra firme
por sobre las montañas y los llanos.
Es un mar vegetal el que me lleva
hacia la isla lejana
en donde están
ocultos los tesoros.

ESTÍO

Para Berta y Eugenio Padorno

Tienden sobre la arena sus toallas.
Se despojan
con lentitud, acaso con desidia,
de sus breves ropajes.
Untan sus blancos cuerpos
con grasientas cremas.

Miran alrededor buscando
el camino del sol.

Concluida la ceremonia, se disponen,
convencidos, a recibir
los primeros tibios rayos del sol.
A la orilla de un mar
lejos de sus hogares.

El rito ha comenzado.
Es el mágico tiempo del estío.

LA GAVIOTA

Va por su altura, la gaviota,
al vuelo. No está a los peces,
que es lo suyo, a su oficio. Debe
bajar aquí, a la lucha diaria,
al trajineo de la pescadería,
al cara a cara, pero no,
ella arriba, distante, desconfiada,
como si no me conociera.
Mírame, vieja amiga, escucha bien mi voz,
soy yo.
Déjame que me salve.

Agradecimiento a Jorge Rodríguez Padrón, por
su aliento para hacer posible esta publicación

ÍNDICE

Nota biográfica, p. 5.

EL ESCOLAR Y SU CUADERNO (introducción de Jorge Rodríguez Padrón), p. 7.

ACASO EL TIEMPO

HOMBRE APRENDIENDO (1964), p. 11.

De todo cuanto supe, p. 13.
Ya sé que todo pasa, p. 14.
Bodas, p. 15.
Hoy aquí, p. 16.
Con la luz, p. 17.
Aprendiendo a morir, p. 18.
Matemáticamente, p. 19.

CUADERNO DE URGENCIA (1965), p. 21

SIEMBRA DE CORAZÓN, p. 23.
i, p. 25.
ii, p. 26.
iii, p. 27.
iv, p. 28.

MAR, p. 29.
Ay mar, p. 31.

Estatua de sal, p. 32.
Canción, p. 33.
Vecino del mar, p. 34.
No entiendo estas señales, p. 35.

VÉRTIGO 6 Y MEDIO (1976), p. 37.

Supe el silencio, p. 41.
Fotografía, p. 42.
Ruidos, p. 43.
Vértigo de la noche, p. 44.
Vértigo 2, p. 45.
Pablo Picasso, p. 46.
La batalla, p. 47.

RENACIMIENTO (1977), p. 49.

Regreso del héroe, p. 51.
El dueño de las horas, p. 52.
Gran ciudad, p. 54.
Hace ya muchos días (fábula galante), p. 55.

ENTRETIEMPO, p. 57.

Yito, p. 59.
Rozando el corazón, p. 60.
Qu'est-ce que c'est cette bagatelle?, p. 61.
Rey del vino, p. 62.
Plaza del Ángel, p. 63.
La Habana, p. 64.
Animal en sombra, p. 65.
Gestos, p. 66.
Rebelión de las aves, p. 67.

OFICIO ELEMENTAL (1984), Premio Gredos 1983, p. 69.

PRIMEROS OFICIOS, p. 73.
Santibáñez de Ayllón, p. 75.
La puerta, p. 76.
Plaza Mayor, p. 77.
Júbilo, p. 78.
Cántico, p. 80.
Taller, p. 81.
El pozo, p. 82.

CRÓNICAS DE LA INFANCIA, p. 83.
I. Corro de niños, p. 85.
II. Cosas de niños, p. 86.
III. Niños del mar, p. 87.
IV. Cuando los niños juegan a la guerra, p. 89.
V. A un niño muerto para que vuelva al mundo, p. 90.

OFICIO ELEMENTAL, p. 93.
Risa común, p. 95.
Buen cobijo (tarde amarilla), p. 96.
Oración, p. 97.
Días de ira, p. 98.
Viento en el sur, p. 99.

QUE NO SEA EL OLVIDO (2010), p. 101.

DONDE TUS OJOS, p. 107.
Certeza, p. 111.
El rito, p. 112.
Trueque, p. 113.
Otro día, p. 114.
Amanece, p. 115.
Fórmulas químicas, p. 116.

Fondo de ojo, p. 117.
¡Ay!, p. 118.

QUE NO SEA EL OLVIDO, p. 119.
Tentación, p. 123.
El río que tú eres, p. 124.
Domador de cenizas, p. 125.
Pastoreo, p. 126.
Animal de aire, p. 127.
Escena de caza, p. 128.
Los signos, p. 129.
El vigilante, p. 130.
Celebración, p. 131.
Ni viento ni semilla, p. 132.
Veneno, p. 133.

LOS CAMINOS DEL AGUA, p. 135.

Regreso, p. 137.
Nómada de la noche, p. 138.
Oficio de mar lejos, p. 139.
Ítaca, p. 140.
Estío, p. 141.
La gaviota, p. 142.

Agradecimiento, p. 143.

Índice, p. 145.

Se terminó esta primera edición de
Acaso el tiempo,
de José Luis Pernas,
el 25 de febrero de 2016,
festividad de san Sigeberto III,
rey holgazán de los francos de Austrasia,
en la ciudad de Palma.

LAVS DEO

Los Papeles de Brighton

http://lospapelesdebrighton.com

C

Catálogo

Febrero de 2016

Colección Minúscula

1
Carlos Juliá Braun
Siete sonetos piadosos
26 pp.
ISBN: 978-0-9927430-0-0 (agotado; próxima reedición)

2
Juan Luis Calbarro
Diez artistas mallorquines
160 pp.
ISBN: 978-0-9927430-1-7 (agotado; próxima reedición)

3
Luis Ingelmo
Aguapié
62 pp.
ISBN: 978-0-9927430-2-4 (agotado; próxima reedición)

4
Carlos Jover
Bajo las sábanas
122 pp.
ISBN: 978-0-9927430-4-8 (agotado; próxima reedición)

5
Eduardo Moga
Décimas de fiebre
85 pp.
ISBN: 978-0-9927430-5-5

6
Teresa Domingo Catalá
Destrucciones
86 pp.
ISBN: 978-0-9927430-7-9 (agotado; próxima reedición)

COLECCIÓN MAYOR

1 / Poesía
Julio Marinas
Poesía incompleta (1994-2013)
132 pp.
ISBN: 978-0-9927430-3-1

2 / Ensayo
Jorge Rodríguez Padrón
Algunos ensayos de más
156 pp.
ISBN: 978-0-9927430-6-2 (agotado; próxima reedición)

3 / Poesía
José Luis Pernas
Acaso el tiempo. Poesía reunida
148 pp.
ISBN: 978-84-945158-0-4

Colección Academia

1 / Pedagogía
Juan Jiménez Castillo
Leer para vivir
*Una mirada de sentido común a la
naturaleza de la alfabetización inicial*
168 pp.
ISBN: 978-0-9927430-8-6

www.ingramcontent.com/pod-product-compliance
Lightning Source LLC
Chambersburg PA
CBHW021003090426
42738CB00007B/627